AF329544

1713

MEMOIRE

POUR SERVIR A LA VIE

DE

M. DEFAVANNE,

PEINTRE ORDINAIRE

DU ROY,

ET RECTEUR

DE L'ACADÉMIE ROYALE

DE

PEINTURE ET SCULPTURE.

A PARIS,

Chez la Veuve de D. A. PIERRES, Libraire, ruë
S. Jacques vis-à-vis S. Yves, à S. Ambroife
& à la Couronne d'Epines.

M. DCC. LIII.

Avec Approbation & Privilége du Roi.

A V I S.

EN écrivant la vie de **M.**
Defavanne, je n'ai affecté
ni de me fervir toujours des
termes de l'Art, ni de m'en
fervir jamais. Il eft des Scien-
ces & des Arts qui perdent à
être divulgués : j'en conviens.
Mais la Peinture ne peut être
trop connue ; & plus le Public
fera éclairé fur cet Art, plus

les Peintres doivent y gagner.

Que peuvent-ils attendre de ces curieux qui s'adreſſent à gens intéreſſés à ne faire admirer que les morts? Ces gens ſavent auſſi les termes de l'Art; ils ont même grand ſoin de s'en ſervir, parce qu'ils ſont perſuadés que ces termes ont dans leur bouche, l'effet qu'ont dans la bouche des Empiriques, les termes de Médecine & de Chirurgie.

Si tous les amateurs qui achetent ne font pas mis en état de fentir le mérite d'un tableau fans en connoître la réputation ; la plufpart de nos bons Artiftes feront réduits à travailler infructueufement pour eux & leurs familles. Jamais il n'y eut tant de curieux ; & , j'ofe le dire , jamais les Peintres ne furent moins chargés d'ouvrage. Eft-ce que l'argent eft plus rare , ou que les Peintres veulent être trop payés ? Mais les ventes font multipliées : les tableaux s'y achetent au poids de l'or, & rien n'y eſt rebuté. Un regard plus raiſonné ſur les Artiſtes, orneroit les cabinets, & ſeroit plus utile à l'Art : que dis-je ; à la Patrie.

MÉMOIRE
POUR SERVIR A LA VIE
DE
M. DEFAVANNE,

Peintre ordinaire du Roi, & Recteur de l'Academie Royale de Peinture & de Sculture.

A M. HULST,

Honoraire libre de la même Académie.

QU'IL est difficile, qu'il est périlleux de traiter un point d'histoire avant que le tems ait vaincu tous les obstacles qu'on rencontre toujours quand on est trop voisin des faits ; avant que leur éloignement nous ait acquis la liberté si nécessaire à l'Historien qui, par état, doit toujours dire

A iv

vrai ; & que, trop souvent, une infinité
de circonstances obligent à taire beaucoup de choses utiles !

Vous vous êtes chargé, Monsieur, d'é-
crire la Vie de M. Defavanne ? Dans
cette entreprise vous avez à contenter
la vérité, votre Académie, les parens
de l'Artiste & ses amis qui sont en assez
grand nombre, &, pour la plûspart,
d'état à ne pas négliger. Vous avez à
contenter les bon amateurs, je veux dire
ceux qui s'intéressent au progrès de
l'Art, les possesseurs de ses ouvrages ; le
Public dont le goût n'est ni tel qu'il
étoit quand M. Defavanne a fixé le sien,
ni tel qu'il sera peut-être après nous ;
enfin sa Patrie, parce que sa gloire
peut rejaillir sur cette Nation autant
amatrice des Arts & autant éclairée que
la nôtre.

Voilà les obstacles que vous rencon-
trerez dans votre carriere. Mon dessein,
en vous les montrant, n'est pas de vous
détourner d'une entreprise louable, &
qui ne peut être bien conduite à sa fin
que par des talens tels que les vôtres. Je
m'intéresse à l'Art, & à la réputation
d'un Peintre qui m'a long tems honoré
de son amitié ; & d'autant plus qu'il la
porta jusqu'à la jalousie. Je partage la

reconnoiſſance de ſes enfans & de ſes amis : & tout ce que je viens de dire ne tend qu'à faire ſentir le prix de votre ouvrage.

Ceſt par ce même motif que je me ſuis déterminé à vous adreſſer ce Mémoire dans lequel je m'attacherai plus à vous donner des faits qu'à vous ſuggerer des réflexions ; bien perſuadé que celles dont vous nourrirez votre narration ſeront & plus judicieuſes , & plus inſtructives que ne pourroient être les miennes. Je les attendrai pour y puiſer les lumieres qui me manquent , & pour juger plus ſainement des productions de notre Artiſte.

Mes liaiſons avec cet habile homme ont commencé peu après qu'il eut fini ſon grand Ouvrage, les peintures qu'il a faites pour M. Bouteroue d'Aubigny, dans ſon château de Chanteloup près d'Amboiſe. Elles conſiſtent en un Sallon dont le plafond a 37 pieds de longueur ſur 28 pieds de largeur. (Je ne ſçai les dimenſions d'aucune des Vouſſures.) Il y a peint la chûte de Phaéton, & les ravages que le Soleil écarté de ſa route occaſionna dans le ciel & ſur la terre. Huit tableaux placés ſur les portes, la cheminée , & autres endroits , ſont liés au plafond , & repréſentent diverſes ſuites du ſujet.

Le plafond d'une gallerie de 71 pieds de longueur ſur 28 pieds de largeur. On y voit les événemens les plus remarquables du regne de Sa Majeſté Catholique Philippe V. diſtribués en dix tableaux dont voici les ſujets dans l'ordre qu'il les a décrits lui-même.

Premier Tableau. Son arrivée en Eſpagne.

Deuxiéme Tableau. Son mariage avec la Princeſſe Louiſe-Gabrielle de Savoye.

Troiſiéme Tableau. La ligue des Puiſſances qui entreprirent de le déthrôner.

Quatriéme & cinquiéme. Les quatre Vertus Cardinales qu'on a vu briller dans ce Monarque.

Sixiéme. La bataille qu'il gagna à Almança.

Septiéme. La naiſſance du Prince des Aſturies.

Huitiéme. La réduction des Royaumés de Valence & d'Arragon ſous l'obéiſſance de Sa Majeſté.

Neuviéme. La bataille qu'elle gagna à Villavicioſa.

Dixiéme & dernier. L'éducation du

Prince des Afturies. La Princeffe des Urfins y préfente le jeune Prince à Minerve. Je l'obferve parce que j'aurai dans la fuite occafion de parler de cette Princeffe & de la protection qu'elle accorda à notre Artifte.

Enfin une Chapelle dâns laquelle il a peint en neuf tableaux différens les principaux traits de l'Hiftoire de la trèsfainte Vierge ; ou pour mieux dire les myfteres de notre Religion auxquels elle a eu part. Son Affomption eft le fujet du plafond qui a 41 pieds de long fur 27 pieds de large.

Ces ouvrages immenfes peints à l'huile ont été terminés en quatre ans par la feule main de M. Defavanne qui n'y travailloit que pendant la belle faifon. Il paffoit l'hiver à Paris ; il y faifoit fes efquiffes & fes études , & retournoit au Printems à Chanteloup. Je remarquerai à cette occafion, & feulement pour l'exactitude de l'Hiftoire, que le beau plafond du Sallon d'Hercule a coûté cinq ans de travail à Lemoyne , & que plufieurs de fes éleves y ont travaillé avec lui. C'eft ce que j'ai vu plufieurs fois , parce qu'il m'avoit donné la liberté de monter fur fon échaffaud. Plus ou moins de tems employé à l'exécution d'un ouvrage, n'eſt-ce pas ce qui peut intéreſſer la poſtérité. C'eſt ici la juſte application du précepte d'Horace *hâtez-vous lentement* : & trop ſouvent on pourroit dire à ceux qui ſe piquent de faire vîte ; faites moins vîte & faites mieux. M. Defavanne qui n'avoit formé aucun éleve (*a*) commença ſes peintures de Chanteloup par la gallerie qu'il finit en 1714. Il peignit la Chapelle en 1715, & le Sallon en 1716.

La deſcription du tout a été faite par le Peintre lui-même, & il l'a remiſe au digne Sécretaire de votre Académie. Il vous eſt donc réſervé d'en faire uſage, & même de porter un jugement des Peintures. Je ne les ai point vûes, mais ſeulement les eſquiſſes finies que M. d'Aubigny conſervoit dans ſes cabinets. Je dirai cependant qu'on remarquoit dans ces eſquiſſes un ton plus vigoureux, & une couleur plus dorée que dans les tableaux qu'il a faits depuis.

J'ai cherché long-tems la cauſe de ce changement dans le coloris, qui ſe fait remarquer dans preſque tous les

(*a*) M. Le Boucher Conſeiller au Préſidial d'Anjou qui ſe délaſſe à peindre le Portrait a appris, de M. Defavanne long-temps après.

Peintres de notre Ecole ; & je crois l'avoir trouvée en m'appliquant beaucoup à obferver la nature dans les différens climats que j'ai vûs : fouffrez que je vous faſſe part de ma conjecture.

Dans les climats chauds tels que font ceux d'Italie & d'Eſpagne, le peuple, la campagne, tout ce qu'on voit ordinairement porte une couleur qui tire au roux, & qu'on appelle dorée. Dans les pays aqueux, frais, on ne voit rien que de frais, de vivace. Un ciel toujours chargé de quelque vapeur dont il eſt adouci, contribue à ce ton de fraîcheur qui fait le charme des Ecoles Flamande & Hollandoiſe. Notre climat tout tempéré qu'il eſt, le plus fouvent frappé des vents d'Eſt & du Nord, ne nous montre que des objets grisâtres ; enforte qu'un teint blanc à Paris feroit bis à Anvers. Eſt - il étonnant que l'Ecole Françoiſe foit généralement griſe ? peut-on reprocher durement à des Peintres qui ne voyent preſque rien que de grisâtre, qu'ils ne foutiennent point leur coloris ? Le langage s'épure ou fe corrompt par la fréquentation, n'en feroit-il point de même du coloris ? Les yeux affectés par ce qui les frappe toujours, entraînent au ton dominant, même sans qu'on s'en apperçoive. Nos jeunes Peintres reviennent presque toujours de Rome avec un bon coloris : mais plus leur séjour est long à Paris, plus ils se rapprochent du gris. Ils y tombent par dégrés. Vous vous en êtes sans doute apperçu. Le Sueur & Lemoyne ont soutenu leur couleur, il est vrai, mais ils ont peu vécu.

Peut-être me suis-je trop étendu sur ce point qui ne doit tomber que sur le général. Je sai qu'il y a des exceptions ; & s'il m'étoit possible, je voudrois donner des armes contre les Critiques acharnés qui reprochent le défaut de couleur à tous les Peintres qu'ils veulent détruire : toujours leurs tableaux doivent noircir. M. Defavanne a essuyé les suites de ce reproche ; & j'en ai été la cause innocente. J'avois conduit chez lui un riche de bonne volonté, bienfaisant, qui, après avoir vû plusieurs tableaux, consulta M. Tournieres. Celui-ci répondit par une Differtation sur la couleur ; il persuada que son confrere employoit trop de noir, & que ce noir déterminoit en peu de tems toutes les autres couleurs en soi. Ce fait a au moins trente ans de date : cependant ces mêmes tableaux que le riche n'acheta point, font aujourd'hui tels qu'ils étoient quand il les vit. Il est vrai que notre Artiste a plusieurs fois changé son coloris ; mais comme il avoit éprouvé les couleurs avec soin, qu'il ne glaçoit jamais, que sa touche étoit franche, & qu'il ne changeoit ses compositions que sur ses esquisses ; ses tableaux n'ont point changé, & ne changeront point. Disons encore que plusieurs sont tombés dans le gris beaucoup plus bas que lui.

C'est immédiatement après son retour d'Espagne qu'il fit son grand ouvrage de Chanteloup. Dix ans de séjour à Madrid ou à l'Escurial : ces dix ans employés à copier des tableaux des Maîtres d'Italie lui avoient acquis cette couleur dorée qu'il n'a pas conservée. Il y fut conduit par M. d'Aubigny qui vouloit avoir de bonnes copies des tableaux de S. M. C. Dans cette vûe on l'envoya d'abord à l'Escurial. Les Religieux Hiéronimites cloîtrés dans ce Palais lui offrirent de le loger dans l'appartement du Roi ; mais par respect & pour plus de commodité il leur demanda un logement dans l'intérieur du couvent. Ils n'insisterent plus, quoique dès-lors encore attachés à la Maison d'Autriche, ils le regardassent comme un argus placé par la Cour pour veiller sur leur conduite. Ceci est fondé sur l'expédient dont ils se servirent pour se débarrasser de lui. Ecoutons-le raconter lui-même cette circonstance de sa vie : il parle à son épouse qu'il avoit laissée à Paris, & lui écrit de Madrid le 12 Novembre 1708. en ces termes.

» Il faudroit entrer dans un long dé-
» tail, si je voulois vous écrire toutes
» les particularités de l'affaire qui m'est
» arrivée à l'Escurial : & je ne le puis
» faire tant que je serai dans ce pays ci....
» Je fus arrêté le 26 Juillet dans le grand
» Sallon du Palais où j'étois à travaill-
» ler. On me mit sur le champ, & sans
» me dire pourquoi , dans un cachot
» affreux où je passai la nuit. A quatre
» heures du matin on me tira de là
» pour me metttre les fers aux pieds,
» & sur le champ on me mit dans une
» caleche pour me transférer à Tolede
» où est l'Inquisition. Tolede est à dix-
» huit lieues de l'Escurial. J'y arrivai
» en parfaite santé, & me trouvai heu-
» reux de me voir délivré de ma chauf-
» sure qui pesoit au moins quatre-vingt
» livres. L'on me jetta aussitôt dans une
» prison tapissée de toiles d'araignées,
» & où le jour ne pouvoitnuire à mes

» yeux. J'y paſſai la premiere journée
» fort triſtement : mais le jour d'après
» qui étoit un Lundi, je fus fort con-
» ſolé, car je fus appellé pour paroître
» devant le Tribunal. Je répondis aux
» queſtions que l'on me fit. La puiſſante
» protection de Madame la Princeſſe
» des Urſins me procura bientôt de
» bons traitemens. Enfin j'ai reſté dans
» cette affreuſe ſolitude huit ſemaines
» pendant leſquelles je me ſuis occupé
» à deſſiner. J'en ſuis ſorti par ordre du
» Roi le 21 Septembre, car ſans cela
» j'y ſerois peut-être reſté pluſieurs an-
» nées. Les Loix inviolables du ſaint
» Office ne permettent pas qu'on en
» ſorte ſi promptement. Innocent ou
» criminel, il n'importe........ Pendant
» ma priſon le Roi demanda deux fois
» à voir mon procès. On le lui refuſa
» la premiere, comme une choſe qui
» ne s'étoit jamais faite ; mais à la ſe-
» conde on le lui accorda. Sa Majeſté le
» fit examiner par ſon Confeſſeur qui
» y trouva deux articles fort à mon a-
» vantage, & que ces MM. de l'Inqui-
» ſition n'entendoient pas....... Les Re-
» ligieux de l'Eſcurial, malgré toutes
» les précautions qu'ils avoient priſes,
» ont eu le déplaiſir de me revoir. Ils

» avoient gagné le grand Inquisiteur
» qui ne voulut jamais me permettre
» d'y retourner pour prendre mes har-
» des & les tableaux que j'avois faits :
» disant qu'un homme qui avoit été pris
» par l'Inquisition , ne pouvoit jamais
» retourner au lieu où il avoit été pris.
» Mais M. Daubigny obtint un ordre
» du Roi qui obligea les Moines à me
» recevoir. Et..... il est certain que si
» j'avois été moins honnête homme ,
» cette disgrace ne me seroit peut-être
» jamais arrivée : car....... pendant ma
» détention , ils avoient fait courir le
» bruit à l'Escurial qu'on m'avoit mis à
» l'Inquisition parce que j'étois un Juif,
» & que l'on m'avoit brûlé vif. Ensuite
» que mon premier jugement avoit été
» adouci par un second qui me condam-
» noit seulement à avoir les os brisés,
» &c.

Cette Lettre annnonce un caractere
assez doux , assez tranquille ; caractere
qui se montre encore dans les charges
que son ressentiment lui fit faire. Elles
me sont échues parmi les desseins dont
il m'a gratifié dans ses dernieres années.
Quelqu'amusement que l'esprit puisse
trouver dans ces Epigrammes pitores-
ques : il est sage de ne s'y point livrer

Le mérite en eſt borné, & ne conſiſte qu'à tourner les phiſionomies au ridicule dont elles ſont ſuſceptibles : ou ſouvent à outrer les caracteres des paſſions dont on y voit les premiers traits. Je ne mets point dans cet ordre les compoſitions ſatiriques, beaucoup plus blamables, & très-dangereuſes.

Et tel mot, pour avoir réjoui le Lecteur,
A coûté bien ſouvent des larmes à l'Auteur.

Pendant la confeſſion forcée que notre Peintre fit à l'Inquiſiteur pour être abſous & relevé des cenſures, il lut la délation que ce Juge avoit dans les mains, & vit qu'elle étoit de l'écriture du Prieur de l'Eſcurial. Au ſurplus les chefs d'accuſation ne tomboient ſur rien de bien conſidérable pour gens éclairés. Il étoit principalement accuſé d'avoir inſpiré la déſobéiſſance aux Religieux, & d'avoir cherché à déranger l'ordre de la Communauté. Sur quel fondement grand Dieu ! Comme il ſe promenoit un ſoir ſur les terraſſes de l'Eſcurial, il vit paſſer un jeune Religieux, (celui qu'on lui avoit attaché, qui par conſéquent avoit plus de liaiſon avec lui.) il l'appella & le pria de faire quelques tours. Le Moine s'en défendit fur ce que la retraite fonnoit au Couvent. Quoi mon Pere, dit le Peintre, quand vous auriez cette complaifance pour un étranger, pour votre ami, y auroit-il fi grand mal ? Seriez-vous traité comme défobéiffant ? On dit pourtant que ce Tribunal redoutable eft aujourd'hui bien différent de ce qu'il étoit alors.

Quelles réflexions ne faifoit point là un Anglois élevé dans la Religion Catholique, inftruit fans doute avec plus de foin à caufe des difputes ; & dans un pays où le feul mot d'Inquifition révolte ! Il naquit à Londres le 3 Octobre 1668, il fut baptifé fix mois après par un Capucin Aumofnier de la Reine, & fut nommé Henri. Antoine Defavanne fon pere premier Veneur du Roi Charles II, & Catherine Coché fa mere, l'amenerent en France à l'âge de trois ans. Peu après il fut reconduit en Angleterre où fa mere mourut. Son pere le ramena, le mit en penfion aux Vertus, & alla joindre à Bruxelle le Duc d'York, depuis Jacques II. Le petit Defavanne avoit alors fix ans. Il ne refta dans fa penfion que trois années à la fin defquelles fon pere l'appella à Bruxelles, & le remena en Angleterre. Il y féjourna environ fept ans. Comme on le deftinoit à la Venerie, à peine eut-il atteint fa treiziéme année qu'on le renvoya à Paris pour y apprendre à fonner de la trompe du fieur Chrétien le plus fameux Sonneur de fon tems. Quoique le jeune Defavanne n'eut reçu les leçons de ce maître que pendant dix-huit mois, ayant été obligé de retourner à Londres à ce terme, il en avoit fi bien profité qu'on le regardoit lui-même comme un habile Sonneur de trompe. Je lui ai entendu donner des louanges fur ce talent auquel il renonça pour la Peinture, & dont il lui étoit refté les levres un peu enfoncées du côté qu'il embouchoit l'inftrument. Il difoit qu'un homme partagé, ne peut réuffir que médiocrement en chaque chofe. Pendant le féjour qu'il fit à Londres à ce voyage, il montra une inclination décidée pour fon Art; il reftoit toujours feul dans fa chambre, & toujours il s'occupoit à deffiner.

Je paffe rapidement fur les circonftances de cet âge: tout ce qu'ily a d'intéreffant, en confidérant M. Defavanne comme Peintre; c'eft un defir ardent en lui, & dans fon pere une oppofition conftante qui fut enfin vaincue. Antoine

Desavanne cédant aux follicitations pref-
fantes & perfévérantes de fon fils, le
ramenoit à Paris muni de recomman-
dations pour le grand Le Brun : mais à
peine étoient-ils arrivés à Douvres que
la mort du Roi leur maître les força de
retourner à Londres.

Le Duc d'York étant monté fur le
trône donna à Desavanne le pere la
charge de Lieutenant des chaffes, & au
jeune Henri celle de premier Veneur.
Cette charge tout honorable qu'elle
étoit ne refroidit point fon amour pour
la Peinture. Il acheta de fes menus plai-
firs les Eftampes des batailles d'Alexan-
dre de Le Brun qui dès ce tems fut fon
héros ; & toujours il s'occupa à deffiner.
Mais fentant que fans maître il ne pouvoit faire que peu de progrès & très-
lents ; il demanda au Roi la permiffion
de repaffer en France pour y apprendre
la Peinture. Jacques II lui accorda un
congé de trois ans. C'étoit en 1687, &
ce nourriçon zélé étoit âgé d'environ
dix-huit ans & fix mois : âge bien avancé pour commencer une carriere fi longue, & femée de tant de difficultés.
Le Brun ne tenoit plus école, & notre
jeune homme ne pouvoit plus efpérer
fes leçons : pour être à portée d'étudier

d'après les ouvrages de ce grand Artiste, il choisit pour maître M. Houasse Garde des Tableaux du Roi. Ce ne fut cependant qu'avec peine qu'il obtint de lui la permission de copier les tableaux du premier Peintre. Ses progrès furent rapides, & Le Brun le voyant copier l'une de ses batailles le loua beaucoup sur ses dispositions : car il aimoit à encourager, à enflammer davantage l'amour de son Art. Remarquons ici que M. Defavanne n'a fait que des études interrompues. Il fit un autre voyage à Londres pour y prendre possession de sa charge ; & tout de suite il revint chez M. Houasse son maître. Mais vers la fin de l'année 1668. arriva la mémorable catastrophe qui fit perdre à Jacques II son Royaume, & le conduisit en France. Son premier Veneur se consola en quelque sorte de ce revers par l'espérance que rien ne l'empêcheroit plus de se livrer à la peinture. En effet il s'y livra tout entier : il montra quelle étoit sa passion ; & passion si dominante qu'à la mort de son pere qui s'étoit remarié, il laissa sa belle-mère s'emparer de tout, & négligea même de lui demander les papiers de famille.

La beauté dans le sexe avoit sur lui

un empire qui ne le porta jamais au dérangement de conduite : mais c'étoit un empire. Il fut enfin épris d'une jeune personne qui fréquentoit chez M. Houasse, Louise-Génevieve Moncervel Dupré, qu'il épousa en 1690, & de qui la mémoire est infiniment respectable. Elle seule a toujours ignoré qu'elle étoit belle. Née sans fortune , & par l'adresse de sa mere ayant accepté le sort que pouvoit lui faire un homme de 22 ans qui n'avoit que des talens non encore réussis, elle a vécu dans la douceur & les autres vertus qui l'ont conduite à une meilleure vie le 20 Avril 1735. Sa mere étoit de ces génies entreprenans qui franchissent toutes difficultés : M. Defavanne le pere s'opposoit fortement à ce mariage, elle sçut le faire célébrer sans sa participation, & passa par-dessus des formalités aujourd'hui indispensables. La sensibilité qu'avoit notre jeune Peintre pour la beauté le fit brusquer ce mariage prématuré , que son pere approuva depuis. Ne seroit-il pas plus avantageux pour les Artistes & pour l'Art qu'ils ne fussent point mariés si jeunes ? M. Rebillé éleve du célebre Coisvaux avoit été agréé par l'Académie : Son mariage l'a mis hors d'état de

faire.

faire son morceau de Réception , & l'a contraint d'aller à S. Luc mourir au mi- lieu des maîtres : sort, à quelques égards, semblable au sort d'un Catéchumene expirant dans les bras de la Synago- gue (a).

Ce foible de M. Defavanne (c'en étoit un en lui) ce foible, dis-je, qui selon toute apparence a beaucoup nui à sa fortune, n'a point été nuisible en tout à ses ouvrages : il y a répandu les graces & une abondance rare. Les fem- mes y sont toutes extrêmement gra- cieuses , & leurs caracteres si variés qu'on n'y trouve pas deux têtes sem- blables. Ajoutons que ces caracteres tout variés qu'ils sont, tiennent tous du caractere de l'Auteur, ils sont sages.

L'Académie avoit donc en lui un éleve marié. Elle lui adjugea deux an- nées de suite le prix du dessein ; & le grand prix en 1665. Il partit cette mê- me année pour Rome & fit le voyage à ses frais ; mais au bout de six mois il en- tra à la pension du Roi. Les Peintres sages furent ceux qu'il choisit pour mo- dele , & principalement Raphael d'a-

(a) Dans l'Ecrit que l'Academie de S. Luc a publié à sa premiere exposition, elle s'est vantée d'être la mere de l'Académie Royale.

près qui il deſſina beaucoup. Sage lui-même, peut-être eût-il mieux fait d'é-tudier ſur des ouvrages de plus de feu : c'eſt ce que je laiſſe à décider. Au moins eût-il été plus du goût de notre tems. Après cinq ans d'application il revint à Paris en 1700. L'Académie l'agréa en 1701, & l'admit trois ans après : ſes Lettres d'aggrégation ſont du 23 Août 1704.

Né laborieux, avec des paſſions dou-ces & une humeur philoſophique ; tout le tems qui s'eſt écoulé depuis ſes tra-vaux de Chanteloup juſqu'à la mort de ſes talens, il l'a paſſé, content de peu, à peindre, à deſſiner, ſans chercher à ſe produire, & ſe délaſſant par la lecture, & la converſation de ſes amis. La mé-diocrité de ſa fortune (car M. Boute-roue, tout opulent qu'il étoit, le paya en riche mal aiſé) ne l'a point empêché de faire du bien. Il a pris ſoin d'un ne-veu & d'une niéce (a) qui mourut chez lui dans le tems qu'elle commençoit à peindre paſſablement. Je l'ai ſouvent entendu admirer le déſintéreſſement du Pouſſin, & je l'ai toujours vû très-exact à ſuivre cet exemple. Son déſintéreſſe-ment & ſa philoſophie qui ont fait ſon

(a) Cecile Prieur.

bonheur & non celui de fa famille, lui ont fait manquer une occafion de fortune. Il fut chargé en 1717 de peindre la coupole de l'Eglife de S. Paul de Londres ; il fit même fon efquiffe qu'on peut voir dans l'Apothicairerie des Feuillans de Paris entre quelques tableaux qu'il a faits pour le célebre F. Jofeph ; mais il fe donna fi peu de mouvemens qu'un autre lui enleva cet ouvrage. J'ai vu cette Coupole : la Converfion de S. Paul y eft repréfentée en camayeu rouge ; & l'ouvrage eft fi médiocre que je me difpenferai d'en nommer l'Auteur. C'étoit fans doute une occafion de fortune : qui ne fait que la Nation Angloife aime à récompenfer les talens ? Ce défintéreffement qui ne paroît pas toujours louable, lui avoit été tranfmis avec le fang de fon pere : ferviteur vraiment digne du Roi qu'il fervoit, il refufa conftamment les offres que lui fit le Roi Guillaume, de lui donner tous les biens de fa famille s'il vouloit retourner ; plus encore, il s'expofa à une mort funefte pour aller répandre des amniflies du Roi Jacques dans toute l'Angleterre.

Notre Artifte, comme je viens de le preffentir, vivoit frugalement : il étoit

simple en tout. Ce goût pour la simpli-
cité pourroit bien avoir un peu trop
influé sur ses tableaux héroïques, comme sa sensibilité pour le beau sexe paroît dans les sujets qu'il a tirés des fa-
bles : il les a rendus avec beaucoup de
graces. Les caracteres y sont modestes,
c'étoit sa vertu : mais les draperies qu'il
traitoit si bien y couvrent trop peu ;
voilà son foible. Et voilà comme trop
souvent on trouve dans le même homme des perfections, & les défauts qui
leur sont diamétralement opposés.

Une chûte toujours attire une autre chûte.

Ce trop de liberté dans ses tableaux
joint à son attachement pour la Litté-
rature Angloise, ne l'auroit-il point en-
traîné dans certains sentimens qu'on lui
a connus à l'Académie ? ou si c'est qu'il
avoit été élevé pendant les disputes de
Religion en Angleterre, tems malheu-
reux où l'incrédulité ose toujours repa-
roître , & qu'il a vécu en France au
milieu des troubles qui agitent notre
église ? Quoi qu'il en soit il étoit revenu au vrai, & ses dernieres années ont
été une preuve non interrompue de la
sincérité de son retour.

L'inventaire de sa succession a été

plus chargé de deſſeins & de tableaux de chevalet de ſa main que de toute autre richeſſe. Il en avoit fait plus de cent cinquante dont les ſujets ſont tirés de l'Hiſtoire, de la Fable, ou du Télemaque. Calipſo ne conſerve les mémes traits dans aucun des tableaux de cette ſuite ; & ſelon ceux qui veulent que le héros d'une Hiſtoire ſoit le même dans les différens ſujets qu'on en tire ; ce ſeroit une faute. Mais les Déeſſes de la fable étoient autant curieuſes de plaire que les mortelles, & cet art eſt fondé ſur la variété : elles varioient donc leur beauté. Pour nos Dames, elles ſont réduites à ne varier que leurs ajuſtemens. M. Deſavanne a fait auſſi pluſieurs payſages, gravé deux Eſtampes, Venus ſur les eaux & Arion ſauvé par un Dauphin ; & peint environ trente portraits. Ceux que j'ai vu m'ont paru très-reſſemblans : j'ai même remarqué que ceux qu'il avoit peints dans la jeuneſſe des Sujets, reſſembloient encore dans leur âge avancé. C'eſt ſans doute parce qu'il ne ſe contentoit pas d'imiter les formes ; il rendoit auſſi la phiſionomie, le caractere. Son portrait qu'il a peint & donné à l'Académie en eſt une preuve ; on l'y voit tout entier, juſqu'à ſa probité austere. Le célebre M. Restout en a porté ce jugement, & dit que M. Desavanne pouvoit seul faire son portrait si vrai.

Une réflexion sur l'art de peindre les portraits vient se placer ici tout naturellement. Le Peintre qui veut y réussir peut s'y conduire comme un Négociateur ; discourir avec son modele, lui présenter les objets qui attachent les hommes jusqu'à ce qu'il ait rencontré celui qui forme son affection. Quand il aura découvert cette affection, il ne lui sera pas difficile de le faire parler sur les choses qui l'affectent : heureux si l'affection est bonne. Pour lors il le verra tel qu'il est à l'extérieur & dans l'ame. Et comme les affections du cœur se tracent sur le visage quand elles sont remuées ; le Peintre pourra rendre & les traits du visage &, pour ainsi dire, les traits de l'ame de son modele. Le Peintre d'histoire accoutumé à tracer les passions peut, plus que tout autre, porter le portrait à ce point de perfection : il évitera plus facilement un défaut ordinaire à plusieurs de ceux qui ne font que le portrait, & qui donnent ou leur propre caractere, ou celui qui leur plaît davantage. Les expositions publiques le démontrent.

Selon les idées de notre Artiste un Peintre de portraits ne doit être ni gêné, ni preſſé. Il faut le laiſſer travailler quand il veut, comme il veut, auſſi long-tems qu'il veut. Il n'y a, diſoit-il, qu'à gagner à attendre qu'il renvoye ſon tableau de ſon propre mouvement. Il montroit dans ſes converſations une connoiſſance profonde de l'Art; & il en parloit avec netteté, ſimplicité, & un amour peu commun. Qu'on eût la complaiſance de tenir le modele devant lui, c'en étoit aſſez pour acquérir auprès de lui un accès plus qu'ordinaire. Il n'a rien fait de pratique. Scrupuleuſement ſoumis aux loix du *Coſtume* ; il n'a mis aucune magnificence dans les Romains avant Auguſte. Coriolan partant pour aller faire la guerre à ſa Patrie : & les ſupplications de ſa femme & de ſa mere pour le ſalut de cette république, deux ſujets qu'il a d'ailleurs fort bien traités, le montrent aſſez. Je dis d'ailleurs ; ſans cependant vouloir décider. Il me ſemble que ce ſeroit agiter la queſtion de prééminence entre Corneille & Racine, dont l'un a peint les hommes tels qu'ils ſont, & l'autre tels qu'ils devroient être ; c'eſt-à-dire, ſelon nos idées : nous aimons la grandeur ; nous

la voyons dans la magnificence ; ce n'é-
toit pas fa façon de penfer : fon tableau
du concours des douze Profeffeurs un
peu plus riche , & s'il eut préfenté un
fujet connu , auroit plu davantage : &
l'on peut remarquer dans fon tableau
de réception qu'il a coeffé Philippe V.
Roi d'Efpagne avec une perruque.

Je n'ai point héfité à l'appeller Artifte :
lui refufera-t-on d'avoir bien deffiné, avec
intelligence ? Il eft vrai qu'il l'a fait rare-
ment d'un feul crayon, quoiqu'il le ma-
niât tendrement, proprement & avec
beaucoup de douceur. Mais foit par le
préjugé de fon éducation, foit par prin-
cipe raifonné, il préféra toujours le deux
crayons comme plus voifins de la Peinture qui fond ou noye fes teintes & pla-
ce les lumieres, laiffant l'autre maniere
à ceux qui fe deftinent à la gravure ;
parce qu'ils ne peuvent point placer ,
mais fimplement laiffer les lumieres ,
ce qu'ils appellent épargner. Lui difpu-
tera-t-on que fa compofition étoit nette
& aifée, & que fon exécution étoit facile ? Je ne dis point prompte : ce qui
eft fait promptement n'eft pas toujours
facile ; & fouvent ce qui eft & paroît
facile a coûté beaucoup de tems & de
travail. Lui arrachera-t-on fon pinceau

tendre, harmonieux, & qui rendoit les paſſions ſi naturellement ? Le Brun fut toujours ſon guide dans l'étude de cette partie.

A l'égard de l'expreſſion des objets; comme il finiſſoit beaucoup, & qu'il avoit la vûe forte & longue, ſes tableaux doivent être expoſés en pleine lumiere pour que tout y faſſe ſon effet : mais cet effet eſt doux, aimable. Jouvenet bien capable d'apprécier le mérite, faiſoit cas de ſes talens, & lui donnoit rang parmi les habiles Peintres de ſon tems. C'eſt un témoignage que je tiens de M. Reſtout. Le prix des ouvrages ne doit pas toujours être meſuré à la réputation des Auteurs: combien Homere & Milton n'ont-ils point eſſuyé de viciſſitudes ? Dans le ſiecle précédent, & même au commencement de celui-ci, les Rois & autres Dieux de la terre pouvoient ſeuls atteindre aux tableaux du Pouſſin : aujourd'hui ils ſont tombés au tiers état, & les buveurs de Teniers ſont montés à ce premier rang. Je n'en donnerai aucun aux tableaux de notre Artiſte : Oui notre ! quoiqu'il fût né à Londres, il n'appartenoit point totalement à la Nation Angloiſe, puiſque ſon pere étoit de Monchau ſur Oiſe.

Eſtimé de ſes confreres, il a paſſé ſucceſſivement dans toutes les charges de l'Académie; à l'exception de celle de Directeur que rempliſſoit au jour de ſa mort, M. Ch. Coypel Premier Peintre du Roi. Ce jour triſte pour nous fut le 27 Avril 1752. Il avoit demandé & reçu les Sacremens de l'Egliſe. Ses os ont été dépoſés dans la cave de S. Roch à côté de ceux de ſon épouſe. Des deux enfans qu'il a laiſſés, Anne-Marguerite Defavanne, & Jacques Defavanne, celui-ci a été élevé ſous ſes yeux & par les Profeſſeurs de vôtre Académie. Elle lui a donné pluſieurs fois le prix du Deſſein. Deſtiné d'abord à la gravure qu'il apprit de M. Thomaſſin mon illuſtre ami, il eſt revenu à la Peinture, & eſt actuellement chef des Peintres pour la Marine à Rochefort.

Si le peu de réflexions que j'ai répandües dans ce Mémoire ne paroiſſent pas juſtes; j'ai mal appliqué les principes que M. Defavanne m'a donnés: ſi elles ſont ſenſées; je lui rends tout ce que je tiens de lui.

F I N.

APPROBATION.

J'AI lû par ordre de Monseigneur le Chancelier un Manuscrit intitulé : *Mémoire pour servir à la Vie de M. Defavanne, Peintre du Roi, &c.* & j'ai crû que cet Ouvrage seroit agréable aux personnes qui aiment les Arts, & qui estiment ceux qui les professent. Fait à Paris ce 1 Mars 1753.   C. COCHIN.

PRIVILEGE DU ROI.

LOUIS par la grace de Dieu, Roi de France & de Navarre : à nos amés & féaux Conseillers les Gens tenans nos Cours de Parlemens, Maîtres des Requêtes ordinaires de notre Hôtel, Grand-Conseil, Prevôt de Paris, Baillifs, Sénéchaux, leurs Lieutenans Civils, & autres nos Justiciers qu'il appartiendra : Salut. Notre amée la Veuve DENIS-ANTOINE PIERRES, Libraire à Paris, Nous a fait exposer qu'elle desireroit faire imprimer & donner au Public un Ouvrage qui a pour titre : *Mémoire pour servir à la Vie du Sieur Henri Defavanne*, s'il nous plaisoit lui accorder nos Lettres de Permission pour ce necessaires : A ces causes voulant favorablement traiter l'Exposante, Nous lui avons permis & permettons par ces Présentes de faire imprimer ledit Ouvrage en un ou plusieurs volumes & autant de fois que bon lui semblera, & de le vendre, faire vendre, & débiter partout notre Royaume pendant le terme de trois années consécutives à compter du jour de la date des Présentes. Faisons défenses à tous Imprimeurs, Libraires, ou autres personnes de quelque qualité & conditions qu'elles soient, d'en introduire d'impression étrangere dans aucun lieu de notre obéissance, à la charge que ces Présentes seront enregistrées tout au long sur le Registre de la Communauté des Imprimeurs & Libraires de Paris dans trois mois de la date d'icelles ; que l'impression dudit Ouvrage sera faite dans notre Royaume & non ailleurs en bon papier & beaux caracteres, conformément à la feuille imprimée & attachée pour modéle sous le contrescel des Présentes : que l'Impétrante se conformera en tout aux Réglemens de la Librairie, & notamment à celui du 10 Avril 1725 ; qu'avant de l'exposer en vente, le Manuscrit qui aura fervi de copie à l'Impreffion dudit Ouvrage, fera remis dans le même état où l'Approbation y aura été donnée, ès mains de notre très cher & feal Chevalier, Chancelier de France, le Sieur DELAMOIGNON, & qu'il en fera enfuite remis deux Exemplaires dans notre Biblio-theque publique, un dans celle de notre Château du Lou-vre, un dans celle de notredit très-cher & féal Chevalier, Chancelier de France, le Sieur DELAMOIGNON, & un dans celle de notre très-cher & féal Chevalier, Garde des Sceaux de France, le Sieur DE MACHAULT, Comman-deur de nos Ordres, le tout à peine de nullité des Préfen-tes. Du contenu defquelles vous mandons & enjoignons de faire joüir ladite Expofante ou fes ayans caufes pleine-ment & paifiblement, fans fouffrir qu'il leur foit fait au-cun trouble ou empêchement. Voulons que la copie des Préfentes qui fera imprimée tout au long au commen-cement ou à la fin dudit Ouvrage, foi foit ajoutée com-me à l'Original. Commandons au premier notre Huiffier ou Sergent fur ce requis, de faire pour l'éxécution d'icel-les tous actes requis & néceffaires, fans demander au-tre permiffion, & nonobftant Clameur de Haro, Charte Normande, & Lettres à ce contraires. CAR tel eft notre plaifir. Donné à Verfailles le neuviéme jour du mois d'Avril, l'an de grace mil fept cent cinquante-trois, & de notre Regne le trente-huitiéme.

Par le Roi en fon Confeil, SAINSON.

Regiftré fur le Regiftre XIII. de la Chambre Royale des Libraires & Imprimeurs de Paris, N. 163. fol. 129. con-formément aux anciens Reglemens confirmés par celui du 28. Février 1723. A Paris le 13 Avril 1753.

J. HERISSANT, *Adjoint.*

9 782019 303211